Texte français d'Isabel Finkenstaedt

Titre de l'ouvrage original : IK BEN KLEIN
ouvrage original : IK BEN KLEIN
Éditeur original : Clavis Uitgeverij
© 2005 Clavis Uitgeverij, Hasselt, Belgique
Illustrations : Mariëlle Bonenkamp
Tous droits réservés
Pour la traduction française : © Kaléidoscope 2006
Loi n° 49.956 du 16 juillet 1949 sur les publications
destinées à la jeunesse : septembre 2006
Dépôt légal : septembre 2006
Imprimé en Italie

Diffusion l'école des loisirs

www.editions-kaleidoscope.com

Elwina de Ruiter – Mariëlle Bonenkamp

Je suis  petite

kaléidoscope

Je suis petite.

Même sur la pointe des pieds,
je suis petite.

Je dois monter sur une chaise
pour attraper les gâteaux.

Tout le monde me répète sans arrêt :
"Tu es petite, toute petite, si petite."
C'est énervant !

"Finis ton assiette, me dit maman,
tu verras, tu grandiras."

Mais même quand je finis
tout mon repas, je ne grandis pas.

Je fais ce que je peux, moi.

Je m'arrose longtemps, souvent.
Et malgré ça, je ne pousse pas.

"Patience ! me dit mamie.
Tu grandis mine de rien.
Et quand tu auras mon âge...
eh bien, tu rétréciras,
comme le linge."

Mais je ne grandis pas mine de rien.
Et en plus je vais rétrécir un jour !
"Dans très très longtemps",
me dit maman...

... et elle m'emmène saluer
le nouveau bébé qui vient d'arriver
chez les voisins.

Il est minuscule !

Sa main tient tout entière dans la mienne.
J'étais aussi minuscule que lui,
me dit maman.

Avant.

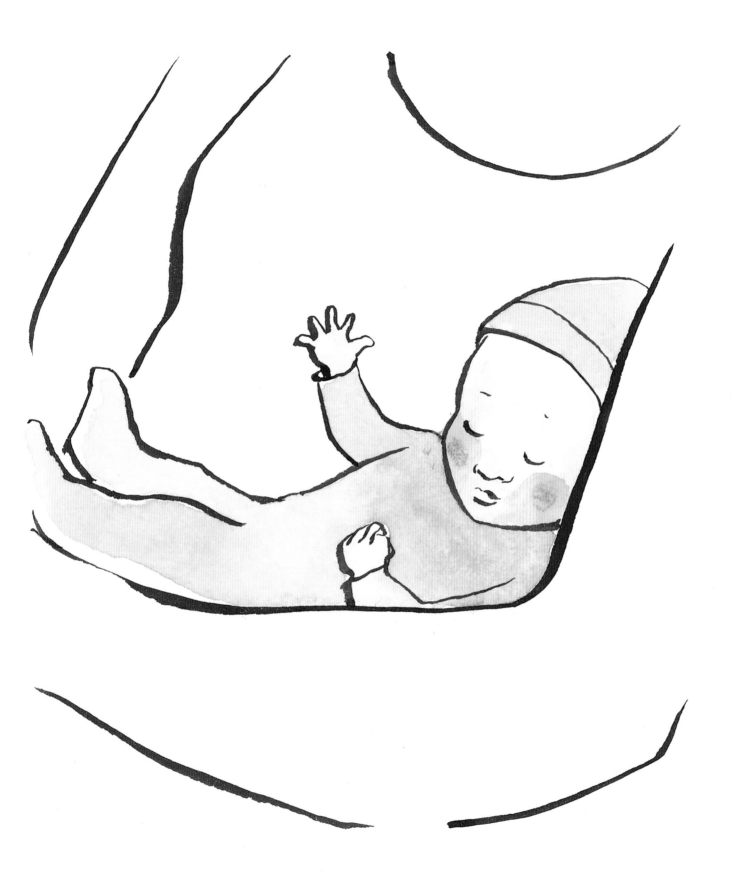

Mamie a raison.
Mine de rien, j'ai bien grandi depuis !